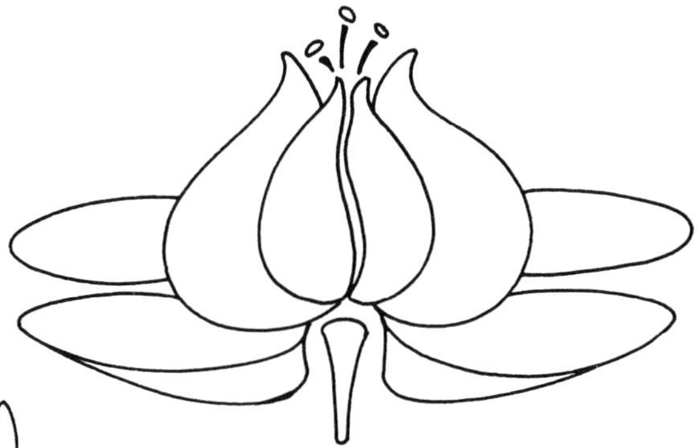

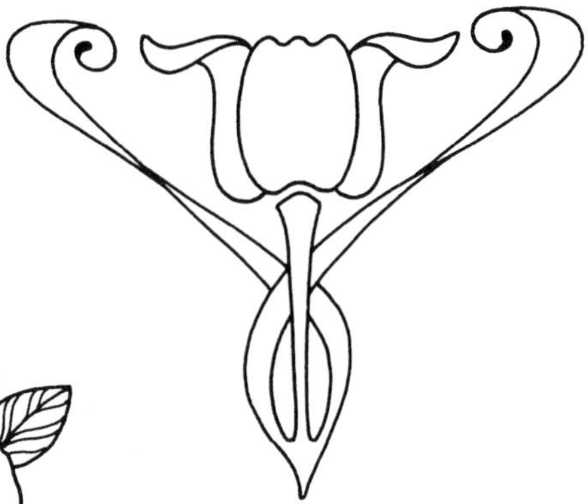

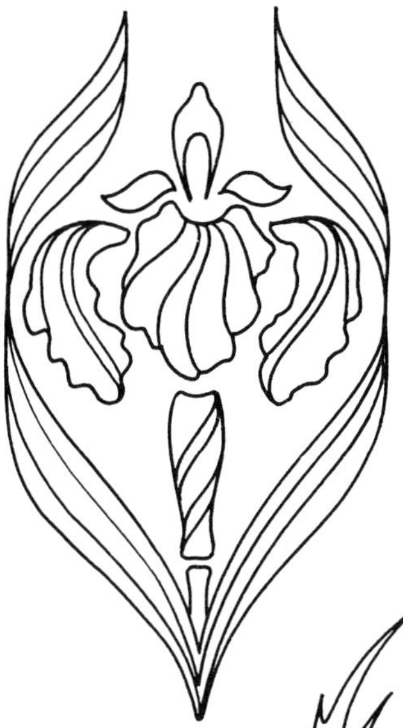

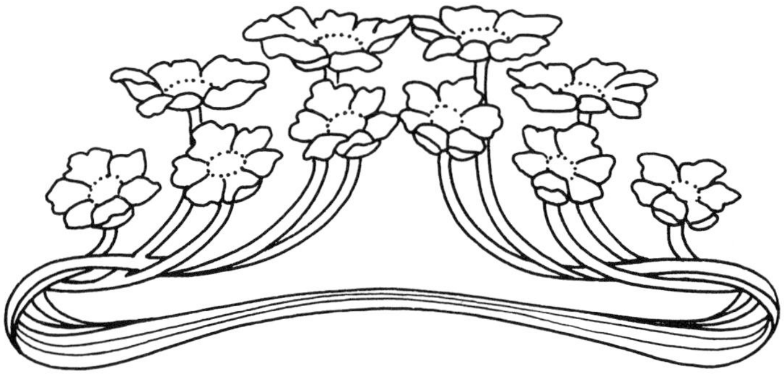

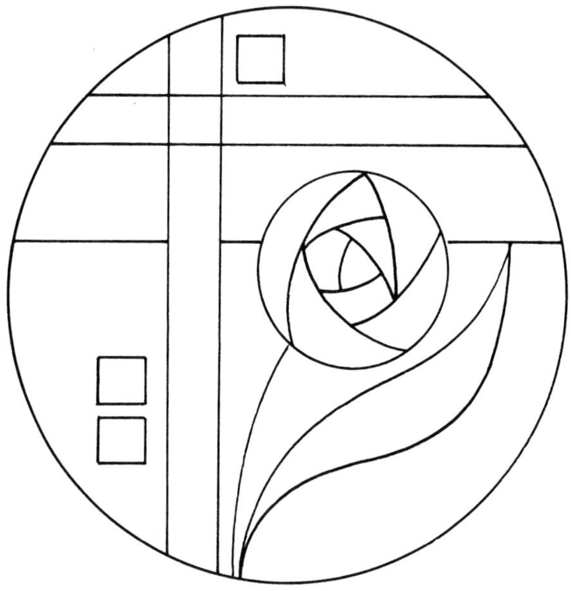

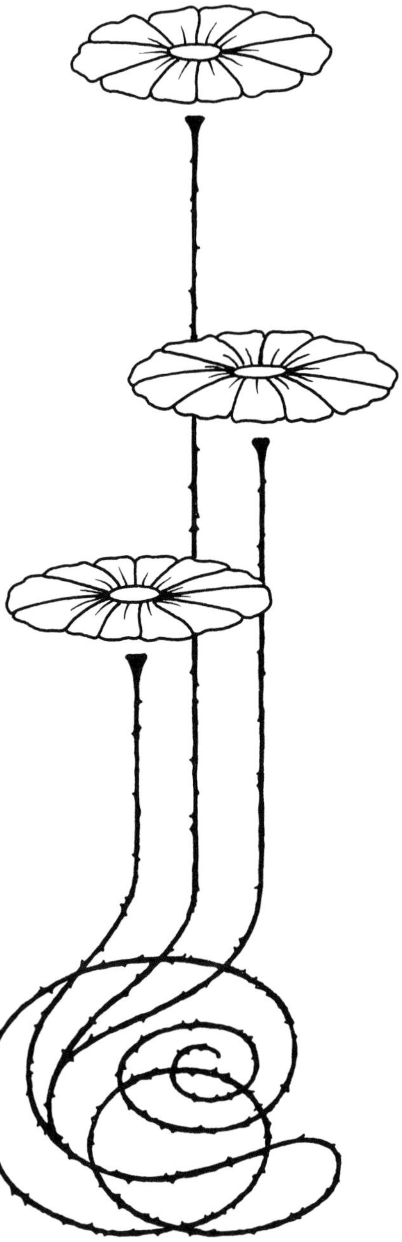

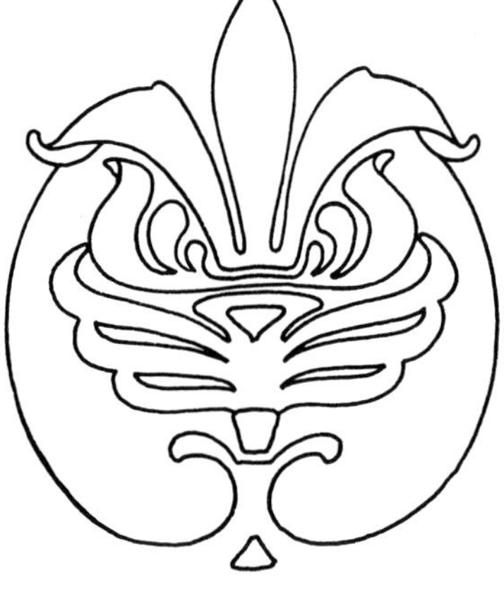

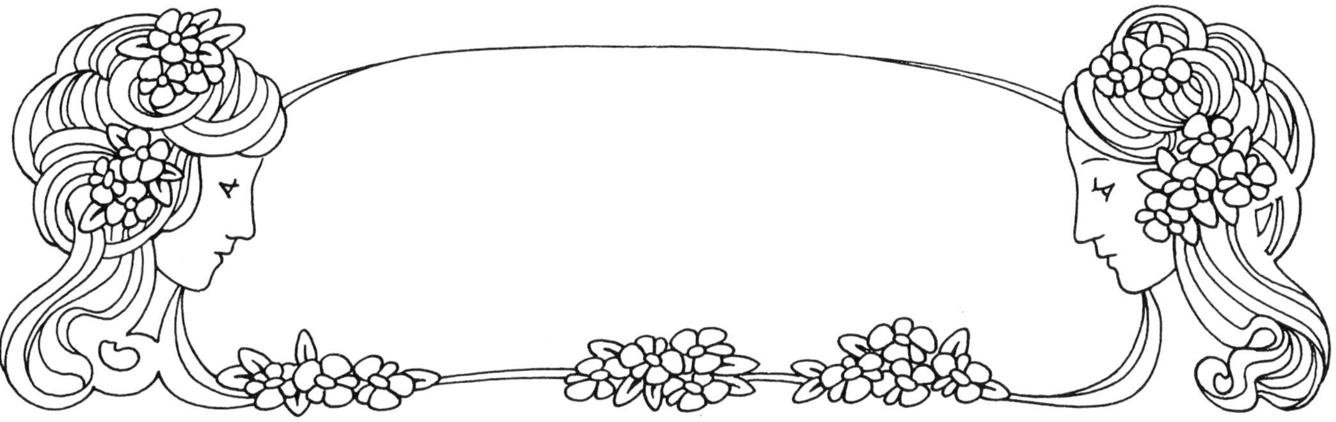

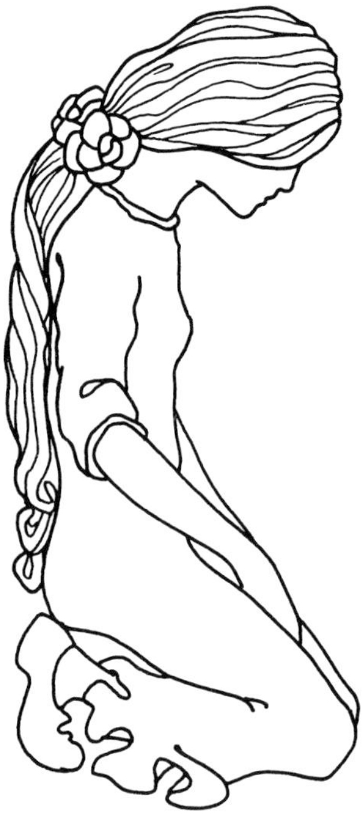

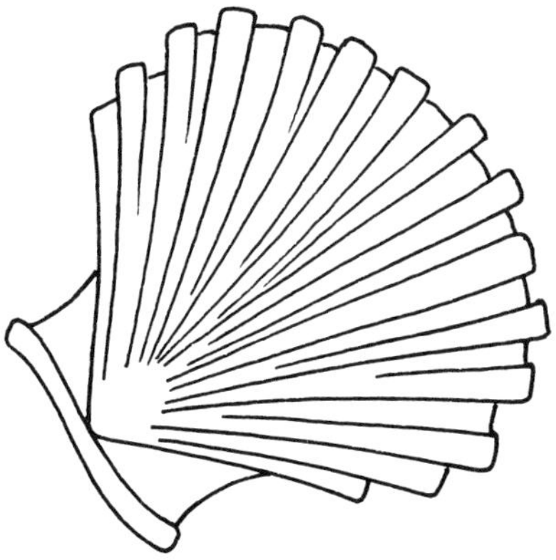

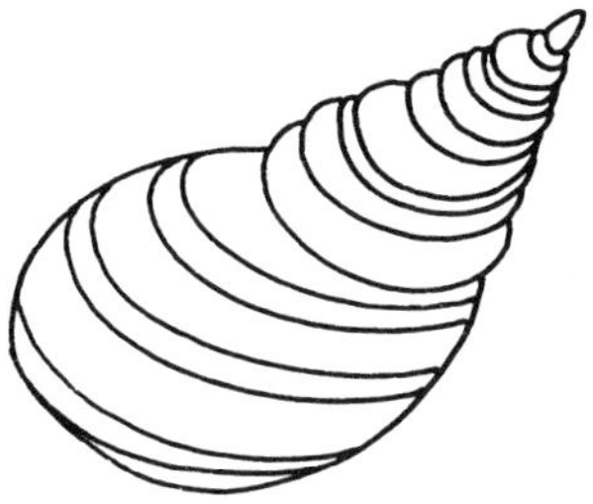

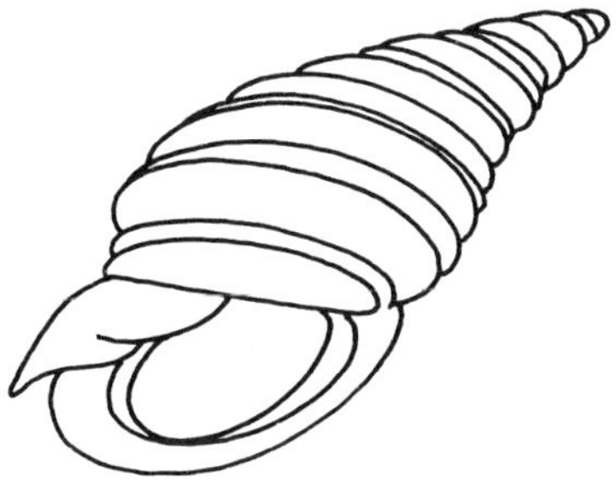

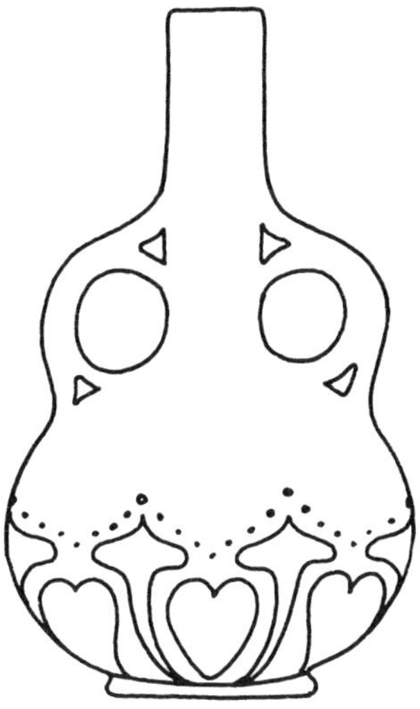

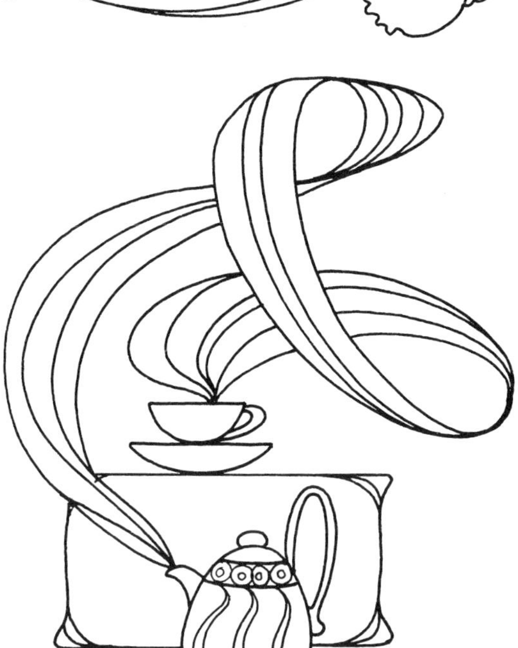

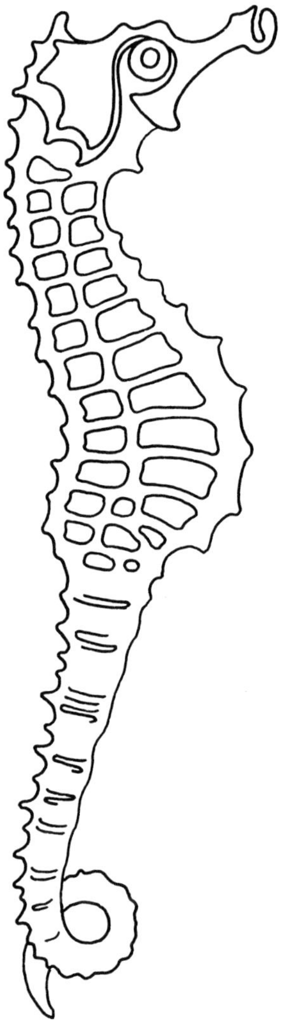

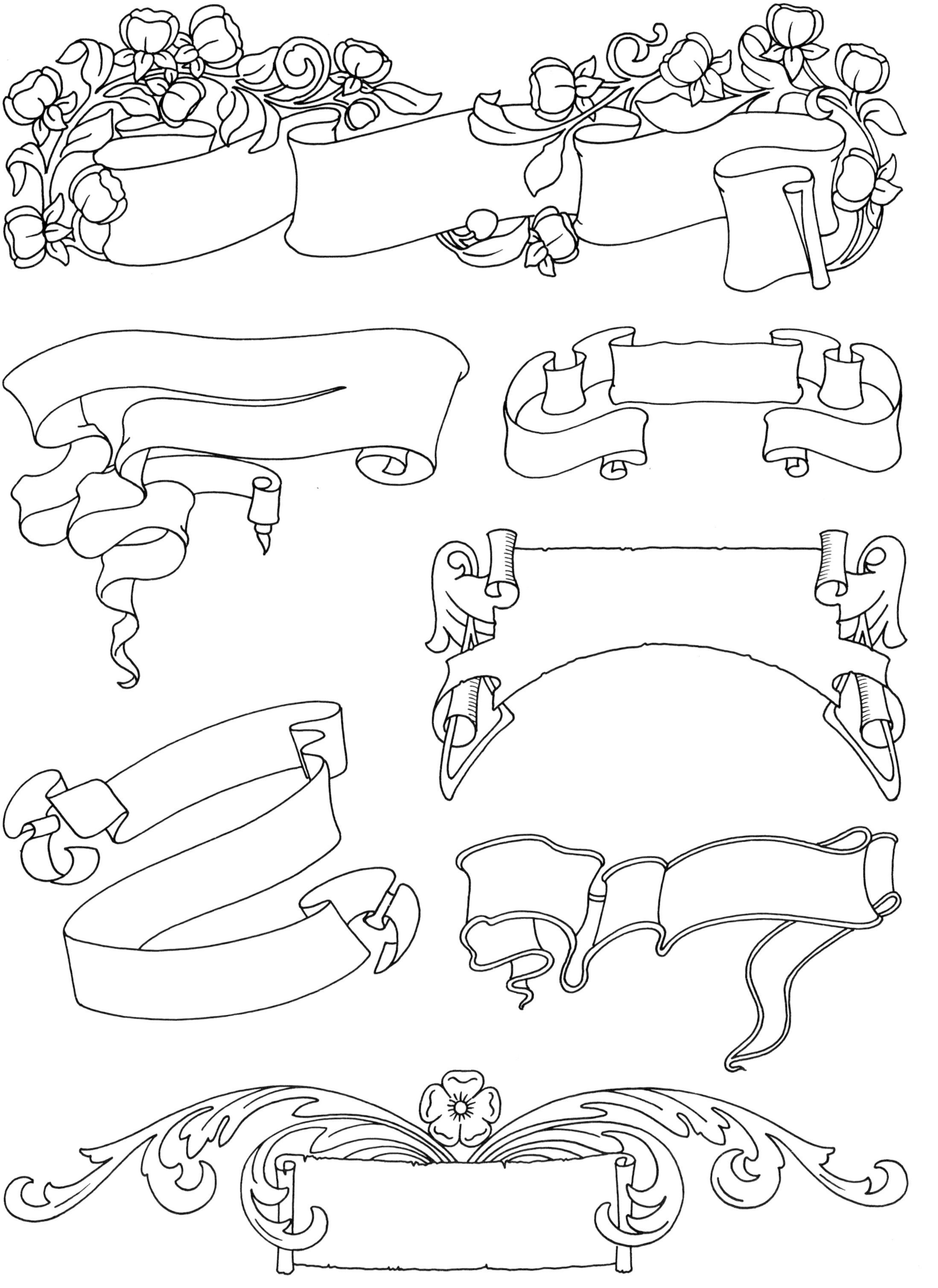

A
B
C
D
E
F
G
H
I

J K L
M N O
P Q R

S T U
V W X
Y Z